I0874809

EINE STAATLICHE MÜHLENORGANISATION

EIN WEG ZUR STEIGERUNG DER WIRTSCHAFTLICHKEIT

VON

DR. ERNST V. BECHTOLSHEIM

MÜNCHEN UND BERLIN 1918
KOMMISSIONSVERLAG VON R. OLDENBOURG

Die Abhandlung gibt im allgemeinen den Inhalt einer Denkschrift wieder, die in Ergänzung meiner früheren Untersuchungen[1]) schon im September an die Adresse des Reiches gerichtet wurde. Der neue Geist war noch nicht durchgedrungen, sie fand keinen entsprechenden Widerhall. Man hatte sich schon ziemlich dahin festgelegt, dem Wunsche der Großmühlenindustrie nachzugeben, ihr volle Freiheit und damit unbeschränkte Ausnützungsmöglichkeiten zu belassen, — — und man wollte allenfalls nur die Allgemeinheit mit einer Mahlsteuer bescheren.

Wenn ich gerade den jetzigen Zeitpunkt zur Veröffentlichung wähle, tue ich es, weil ich glaube, daß hier auf einem Spezialgebiete gezeigt ist, wie im allgemeinen dem großen Problem der Sozialisierung näher gerückt werden kann. Wo wir in Aussicht eines recht bitteren Friedens stehen, ist die Notwendigkeit nach äußerster Wirtschaftlichkeit, rationellster Ausnützung unserer Produktionskräfte noch vordringlicher. Nur bei Erfüllung dieser realen Forderungen wird eine sozialisierte Wirtschaftsordnung auch lebens- und entwicklungsfähig sein. Es stehen deshalb diese Fragen im Vordergrunde der Abhandlung.

Der Weg zur Steigerung der Wirtschaftlichkeit ist Organisation. Und die Gebiete, die sich organisieren lassen, werden dann auch reif zur Sozialisierung werden. Zahlreiche Wirtschaftszweige sind heute schon soweit organisiert, daß ohne weiteres an die Sozialisierung geschritten werden kann. Es sind dies mehr oder weniger alle jene Zweige, wo Kartelle und Syndikate arbeiten. Andere müssen erst organisiert werden. Wie ich dort und auch hier wieder zu begründen versuchte, erscheint unter diesen am vordringlichsten das Mühlengewerbe.

München, im Dezember 1918.

---

[1]) Bechtolsheim, Ein Reichsgetreidemonopol. München, Max Steinebach 1918.

Inhaltsübersicht.

Getreidepreis — Die Grundfrage jeglicher Besteuerung von Getreide . 7
Wirtschaftspolitische Notwendigkeit einer vom Weltmarkte unabhängigen Preisbildung 10
Eine selbständige Preispolitik — die Voraussetzung zur steuertechnisch vollkommenen Erfassung des Konsums 14
Preisermittelungsverfahren 15
Notwendigkeit eines staatlichen Eingriffes in das Mühlengewerbe . . 20
Das Kleinmühlengewerbe 20
Die Großmühlenindustrie 23
Organisation des Mühlensyndikats 27
Berechnung der Syndikatsabgabe 29
Regelung des Ein- und Ausfuhrverkehres — Geltendmachung eines vom Weltmarkte unabhängigen Inlandpreises 32
Der Ertrag für das Reich. — Der Mehl- und Brotpreis 37
Übergangswirtschaft 40

Getreidepreis. Die Grundfrage jeglicher Besteuerung von Getreide.

Wenn man daran geht, zu untersuchen, wie sich Getreide zur Deckung des finanziellen Bedarfes des Reiches heranziehen läßt, ist es notwendig, sich zunächst darüber klar zu werden, ob nicht schon von wirtschaftlichen Interessen bestimmt staatliche Maßnahmen erforderlich sind, um für die Landwirtschaft Produktionsbedingungen zu schaffen, die den besonderen Verhältnissen in der deutschen Landwirtschaft entsprechen, und wie allenfalls diese Maßnahmen zur Schaffung gesunder Produktionsbedingungen für die Landwirtschaft gestaltet sein müssen, um die sich widerstrebenden Interessen von Landwirtschaft und Konsum, auf der einen Seite hohe Preise für die landwirtschaftlichen Erzeugnisse, auf der anderen Seite niedere Preise für die wichtigsten Bedarfsgüter der Lebenshaltung möglichst auszugleichen. Es handelt sich also darum, ein Preisniveau zu schaffen, das dem Konsum gerade noch erträglich erscheint und das dem Bedürfnisse, Anbau und Intensität der Bewirtschaftung möglichst zu fördern, gerade noch genügt.

Man kann bei der Untersuchung ohne weiteres davon ausgehen, daß in wieder normalen Zeiten — die Übergangszeit aus der Zwangskriegswirtschaft zu wieder normalen Zeiten sei aus der Untersuchung zunächst ganz ausgeschaltet — die Produktionskosten in der deutschen Landwirtschaft andere sind als in den übrigen Getreide produzierenden Ländern, wenigstens in den Ländern mit einem Getreideüberschusse. Der Unterschied ist bedingt durch die eigenartige Verbindung von hoch entwickeltem Industriestaat und Agrarstaat auf ein und demselben Raume, die in demselben Maße ausgebildet in der Welt nicht wieder zu finden ist.

Wie im allgemeinen die Preise für irgendwelche Erzeugnisse sich nach den Produktionskosten derjenigen Erzeugungsquelle richten, deren Heranziehung zur Befriedigung der Nachfrage noch erforderlich ist, so trifft dies auch für die Gestaltung des Weltmarktpreises von Getreide zu.

Nun besteht vom Weltmarktstandpunkte aus jedoch für absehbare Zeiten noch kein Bedürfnis, gerade Deutschland mit seinen durch die enge Verbindung mit Industrie verhältnismäßig hohen landwirtschaftlichen Produktionskosten zur Deckung des Weltbedarfes an Getreide im jetzigen Umfange heranzuziehen, es gibt noch weite Länder, die bei einer nur ganz mäßigen Hebung des Weltmarktpreises, der noch lange nicht den Produktionskosten der deutschen Landwirtschaft entsprechen würde, in der Lage wären, ihre Produktionsmengen dem Weltbedarfe voll anzupassen.

Da nun aus besonderen nationalen Gründen ein Interesse an einer möglichst intensiven Bewirtschaftung des deutschen Bodens besteht, ist es notwendig, die inländischen Getreidepreise den inländischen Produktionskosten anzupassen, wie es vor dem Kriege durch eine agrarische Schutzzollpolitik zu erreichen versucht wurde.

In der Hauptsache betraf diese nur Getreide. Da diesem infolge seiner überragenden Bedeutung in der landwirtschaftlichen Produktion sowohl als Urprodukt wie als Produktionsmittel zu weiterer landwirtschaftlicher Erzeugung eine preisbestimmende Wirkung auf alle übrigen wichtigeren landwirtschaftlichen Erzeugnisse zukommt und von den inländischen landwirtschaftlichen Erzeugnissen auch nur Getreide infolge seiner Stapelfähigkeit eine wesentliche Rolle im Weltwirtschaftsverkehr spielt, genügt es, wenn sich staatliche Maßnahmen zur Förderung der Landwirtschaft im wesentlichen — die Regelung der Vieh- und Fleischzufuhr sei hier beiseite gelassen — auf die Gestaltung der Getreidepreise beschränken.

Durch die Getreidezölle wurde nun der Zweck, die inländischen Getreidepreise den inländischen Produktionskosten anzupassen, nicht oder wenigstens nur sehr unvollkommen erreicht. Denn wie ein Vergleich der Inlandpreise mit den Weltmarktpreisen zeigt, bewegten sich die Inlandpreise für Getreide trotz Schutzzoll immer parallel den Weltmarktpreisen; es wurden allerdings der Landwirtschaft erheblich über den Weltmarktpreisen liegende Preise für Getreide gezahlt, diese standen aber nicht in Beziehung zu dem jeweiligen inländischen Ernteausfalle, senkten sich also nicht bei einer reichen Inlandernte und stiegen nicht infolge einer schlechten Inlandernte, um dadurch in Relation zu den in jedem Falle wesentlich gleichen Produktionskosten zu stehen, sondern stellten sich nahezu unabhängig von dem inländischen Ernteausfalle im wesentlichen nach den Weltmarktpreisen ein.

Da nun der Ernteausfall Deutschlands sich meist nicht in gleicher Richtung wie der Ausfall der Welternte bewegt, der in der Hauptsache bestimmend auf den Weltmarktpreis wirkt, während dem Ernteausfalle Deutschlands nur eine verschwindende Bedeutung für den Gesamtwelternteausfall zukommt, erwies sich dieses Schutzmittel als außerordentlich roh und mangelhaft.

Um diese Mängel auszugleichen, mußten die Schutzmittel, also die Zollsätze, so hoch gegriffen werden, daß die Landwirtschaft in der Lage war, auch noch bei einer verhältnismäßig schlechten Inlandernte und einer guten Weltmarkternte, also niederen Weltmarktpreisen, in den Preisen einigermaßen Deckung für die Produktionskosten zu finden. (Vrgl. z. B. das Jahr 1910, wo die bei weitem niedersten Preise für Roggen mit einer verhältnismäßig schlechten Roggenernte zusammenfielen.)

Dagegen konnten ihr bei einer guten Inlandernte und einer durchschnittlich ungenügenden Weltmarkternte, also hohen Weltmarktpreisen, wie wir es in den Jahren 1909, dann wieder 1912 zu verzeichnen hatten, überhaupt in der Periode ansteigender Weltmarktpreise seit 1906, die ganz unvorhergesehenermaßen mit um ein bedeutendes erhöhten Zöllen zusammenfiel, ganz unverhältnismäßige Gewinne auf Kosten der Konsumenten in den Schoß fallen.

Wenn daher das Reich daran gehen will, einen verhältnismäßig bedeutenden Ertrag aus Getreide zur Deckung des Finanzbedarfes herauszuziehen, ohne den Konsum allzusehr zu belasten, wird es zunächst bestrebt sein müssen, diese Zufallsgewinne der Landwirtschaft, die den Konsum unnötig belasten und die die Landwirtschaft nicht braucht, ihr sogar schädlich werden können, einigermaßen auszugleichen.

Dazu ist es notwendig, eine selbständige Preisbildung für Getreide im Inlande zu schaffen, die unter Zugrundelegung der Produktionskosten dem jeweiligen inländischen Ernteausfalle entspricht.

Preise, die aber dem jährlichen Ernteausfalle angemessen sind, bei einer reichen Ernte nieder, bei einer schlechten Ernte entsprechend hoch sind, also den in guten wie schlechten Jahren im wesentlichen gleich bleibenden Produktionskosten angepaßt sind, ermöglichen ein wesentlich anderes Preisniveau, als es durch Zölle wieder hergestellt werden muß, wo die Getreidepreise ganz unabhängig von dem inländischen Ernteausfalle hoch und nieder sein können. In den durch Zölle geschaffenen Inlandpreisen, also bei vom Weltmarkte abhängigen Preisen muß notwendig wegen der von dem inländischen Ernteausfalle unabhängigen Gestaltung derselben eine Deckung der Landwirtschaft für die Fälle enthalten sein, daß bei niederen Weltmarktpreisen und schlechter Inlandernte Weltmarktpreis plus Zoll nicht unter die Produktionskosten sinken kann. Oder wenigstens muß, da dies in einzelnen Jahren eintreten kann, dafür das durchschnittliche Preisniveau — Weltmarktpreis plus Zoll — so gehalten sein, daß sich der einzelne Landwirt für diese möglich eintretenden Fälle aus den durchschnittlich etwas höher gehaltenen Preisen eine Reserve ansammeln kann, die ihm die Möglichkeit eines Ausgleichs gewährt.

Die Notwendigkeit dieser Risikoprämie, die also in Weltmarktpreis plus Zoll enthalten sein muß und die erfahrungs- und naturgemäß immer höher ist und den Preis mehr belastet, als die nur ev. eintretenden tatsächlichen Verluste ausmachen, entfällt dagegen bei ständig dem inländischen Ernteausfalle entsprechenden Preisen, bei einer selbständigen Preisbildung. Bei selbständiger Preisbildung kann das Niveau der Preise, da es in direkte Beziehung zu den Produktionskosten gesetzt ist, niederer sein als bei einem Anschlusse an den Weltmarkt, wo die Bildung einer auch dem inländischen Ernteausfalle entsprechende Preislage immer nur ein Zufallsmoment ist.

Wirtschaftspolitische Notwendigkeit einer vom Weltmarkte unabhängigen Preisbildung.

Schon rein wirtschaftliche Erwägungen zwingen zu einer Abkehr von der bisherigen Art und Weise der Schaffung besonderer Inlandpreise. Deutschland ist infolge der Einwirkungen des

Krieges in seiner Entwickelung zum Industriestaat um ein ganz unvorhergesehen Gewaltiges weitergerückt. Um die durch den Krieg verursachte finanzielle Belastung tragen und mindern zu können, wird es zum wenigsten die Stufe der erreichten Industrialisierung und Produktion aufrecht erhalten, wenn nicht noch weiter ausbauen müssen.

Die schon früher vorhandenen Einwirkungen der hoch entwickelten Industrie auf die landwirtschaftlichen Produktionsverhältnisse, insbesondere auf dem Arbeitsmarkt, die in der Notwendigkeit der Hebung der Preise für die landwirtschaftlichen Erzeugnisse über die Weltmarktpreise zum Ausdruck kamen, werden bei der um ein Vielfaches intensiveren Industrialisierung daher noch um ein Wesentliches gesteigert sein. Dazu kommt die sich schon seit langem sehr zweifelhaft erweisende Frage, ob es gelingen wird, billige landwirtschaftliche Saisonarbeiter aus Galizien, Polen usw. zum mindesten im Umfange wie früher wieder zu erhalten.

Die Preise für Getreide müssen demnach, um den gesteigerten Produktionskosten in der Landwirtschaft zu entsprechen, schon an sich — also nicht nur im Verhältnis zur allgemeinen Geldentwertung — wesentlich höher sein, als es vor dem Kriege der Fall war.

Wenn nun zu dieser notwendigen Preissteigerung für landwirtschaftliche Erzeugnisse die oben dargelegte Risikoprämie für dem inländischen Ernteausfalle nicht entsprechende Weltmarktpreisschwankungen noch hinzu kommen soll, wie sie bisher in Weltmarktpreis plus Zoll enthalten war, müßten die Getreidepreise durch Zölle auf ein Niveau getrieben werden, das dem Konsum kaum mehr erträglich erscheinen wird. Berücksichtigt man dazu noch den Umstand, daß Getreide den Regulator für die Preise aller übrigen landwirtschaftlichen Erzeugnisse bildet, wird der notwendige Gesamtaufwand der Verbraucher allein für die bare Lebensnotdurft eine Höhe annehmen, die diesen nicht mehr zugemutet werden kann. Oder die so gesteigerten Preise müßten in den Arbeitslöhnen einen Ausgleich finden, die wieder durch Steigerung der Produktionskosten in der Industrie dieser den Konkurrenzkampf auf den ausländischen Märkten sehr erschweren, wenn nicht unmöglich machen würden.

Da aus nationalen und allgemeinen Interessen die Förderung der Landwirtschaft durch den gesteigerten Produktionskosten angemessene Preise erforderlich ist und die sich daraus ergebenden hohen Preise schon einmal getragen werden müssen, ist es schon aus diesen rein wirtschaftlichen Gründen notwendig, zu suchen, ob es nicht möglich ist, den zweiten Posten, der eine Steigerung der Konsumentenpreise bewirkt, zu beseitigen oder wenigstens wirtschaftlicher auszugestalten.

Wenn im Interesse ihrer selbst sowohl als auch im Interesse der Allgemeinheit der deutschen Landwirtschaft schon von den Weltmarktpreisen abweichende Preise geboten werden, wird sie gerechterweise nicht dagegen Stellung nehmen können, wenn ihr die Möglichkeit von Gewinnen entzogen wird, mit der sie meist selbst gar nicht rechnet.

Das bisherige System — Weltmarktpreis plus Zoll — mußte aber notwendig zu solchen Gewinnen führen. Theoretisch stellte es das Prinzip dar, daß sich jeder Landwirt gegen dem inländischen Ernteausfalle nicht entsprechende Weltmarktpreise durch Ansammlung einer Ausgleichsreserve selbst versichern sollte. Wenn nun der Staat diese Versicherung sozusagen in seiner Hand vereinigt, ist er einmal in der Lage, die Versicherung rationell auszugestalten, dann die aus der Versicherung sich ergebenden Überschüsse für der Allgemeinheit zugute kommende Zwecke zu verwenden. Und zugleich gewährt er damit der Landwirtschaft die Möglichkeit einer nahezu risikolosen Wirtschaftsführung, die ihr Wirtschaftsbedingungen schafft, auf Grund deren sie planmäßiger als bisher auf die Steigerung ihres Ertrages hinarbeiten kann.

Dieses Ziel, das mithin einen wesentlichen Schritt in der Richtung der Vergesellschaftung der Gesamtproduktion bedeutet, ist aber mit Preisen erreicht, die unter Zugrundelegung der Produktionskosten dem jeweiligen inländischen Ernteausfalle entsprechen. Solche Preise würden bei einer freien auf den inländischen Produktionskosten aufgebauten Preisbildung zustandekommen.

Bei dem Fehlbetrage der inländischen Getreideproduktion gegenüber dem inländischen Bedarfe ist jedoch eine freie Preisbildung entsprechend dem inländischen Ernteausfalle nicht möglich. Es müssen daher auf künstliche Weise die Preise hergestellt werden, die unter Zugrundelegung der Produktionskosten dem jeweiligen inländischen Ernteausfalle entsprechen.

Wie schon an anderer Stelle darauf hingewiesen wurde — ohne die Frage an dieser Stelle eingehender behandeln zu können — geht von dem Getreidepreis eine umfassende Wirkung auf die Preise und damit indirekt auf die Produktion aller wichtigeren anderen landwirtschaftlichen Erzeugnisse aus. Wenn daher der Getreidepreis richtig nach dem Ernteausfalle jeweils eingestellt ist, wird sich auch eine der jeweiligen Ernte der anderen landwirtschaftlichen Erzeugnisse entsprechende Preisbildung für diese Erzeugnisse von selbst ergeben.

Da eine selbständige Preisbildung auf Grund der inländischen Produktionsvoraussetzungen und des inländischen Ernteausfalles aber nur auf dem Wege über ein Monopol möglich ist, tritt damit die volkswirtschaftliche Bedeutung eines Getreidemonopols gerade für die besonderen Verhältnisse Deutschlands klar hervor. Ein so hoch entwickelter Agrarstaat wie es Deutschland ist, mit so ganz besonderen Produktionsvoraussetzungen, muß, wenn er auf festen Füßen stehen will, da er nun einmal nicht bestimmend auf die Weltmarktlage wirken kann, sich seine eigene Marktlage nach seinem jährlichen Ernteausfalle bilden. Nur dann wird es möglich sein, Preis- und Anbaukuriositäten, wie sie z. B. Prof. Dr. F. Aereboe verschiedentlich nachgewiesen hat[1]), die eben in der Unvollkommenheit eines Zollschutzsystems begründet sind, künftighin zu vermeiden.

Wenn ein Schutz der Landwirtschaft schon erforderlich ist, versuche man ihn nach jeder Richtung ausgebaut und technisch so vollkommen auszuüben, wie es nur irgend möglich ist, und man löse sich dazu von dem rohen und unvollkommenen Mittel eines Zollschutzsystems ab. Es handelt sich darum, ein Schutzsystem aufzubauen, zu dem allerdings auch Zölle als Mittel gehören, aber man erhebe nicht wieder die Mittel Zölle zu einem System.

Agrarinteressen sind anders zu behandeln als Gewerbe- und Industrieinteressen. Denn hier sind konstante Produktionsvoraussetzungen und Ergebnisse, die in allen Industriestaaten immer

[1]) Beiträge zur Kriegswirtschaft, Heft 6; Preisverhältnisse landwirtschaftlicher Erzeugnisse im Kriege, Berlin 1917.

ziemlich parallel laufen, in der Landwirtschaft dagegen bestehen in jedem größeren Produktionsgebiete, in jedem Jahre andere und voneinander ganz unabhängige Produktionsvoraussetzungen und Ergebnisse.

Eine selbständige Preispolitik — die Voraussetzung zur steuertechnisch vollkommenen Erfassung des Konsums.

Bei den bisherigen Versuchen der Besteuerung von Getreide, Mehl, hat man in allen Ländern die Erfahrung gemacht, daß eine Getreidesteuer immer im wesentlichen nur eine Besteuerung der Stadtbevölkerung darstellte, während die Erzeuger, in der Hauptsache die Landbevölkerung, infolge der Möglichkeit, sich ihr Mehl im Eigenbetrieb, also von jeder Steuer unerfaßbar, herzustellen, von der Besteuerung nicht betroffen wurden.

Dies ist aber in dem Momente, wo die Preisbildung in der Hand des Staates liegt, nicht mehr der Fall. Durch eine Senkung des allgemeinen Abnahmepreises für Getreide nur um eine Kleinigkeit wird indirekt eine Beitragsleistung der Landbevölkerung zu dem Gesamtertrage der Steuer erzielt.

Ein solches Verfahren erscheint auf den ersten Blick ungerecht, als dadurch die Kleinbauern, die einen verhältnismäßig größeren Eigenbedarf haben, gegenüber den größeren Betrieben bevorzugt sind. Ob diese Wirkung aber nicht gerade andere soziale Bestrebungen unterstützt? Wird nicht gerade immer eine Ausdehnung des Kleinbauerntums durch andere Mittel mit Recht gefördert und diese Förderung im allgemeinen nationalen Interesse mit voller Berechtigung immer noch stärker verlangt?

Liegt andererseits damit auch tatsächlich eine Benachteiligung des Großgrundbesitzes vor, wirkt dies nicht vielmehr wie ein Ausgleich? Ist dieser nicht durch Vorteile, die der Großbetrieb bietet, wie sparsamere Wirtschaftsmethoden, erhöhte Verwendung von landwirtschaftlichen Maschinen, in der Lage, diese Benachteiligung wieder einzuholen und wettzumachen? Wird nicht gerade für ihn darin ein wertvoller Ansporn liegen, wirtschaftlichere Methoden einzuführen und zu einer noch intensiveren Bewirtschaftung überzugehen?

Fragen, die kaum anders als bejahend beantwortet werden können und zugleich immer neue Seiten der wirtschaftlichen und sozialen Bedeutung des Monopols aufschlagen.

Nun besteht allerdings auch für Teile der Stadtbevölkerung die Möglichkeit, auf dem Lande Schrotmehl und Schrotbrot einzukaufen, das sich ja gewisser Beliebtheit erfreut. Soweit dieses Unternehmen aus Liebhaberei für das Bauernbrot erfolgt, ist dieser kaum beizukommen. Aber man vermute nicht etwa, daß diese Sitte infolge des Monopols weiter um sich greifen würde. Denn für den Städter wird sich das Bauernbrot kaum billiger stellen als das Brot aus Monopolmehl. Der Bauer wird an Getreide, das er kleinweise verwertet, einmal besonders verdienen wollen, dann wird er seinen immerhin nicht geringen Arbeits- und Zeitaufwand für Schroten auch mehr als angemessen veranschlagen, so daß anderseits unter Berücksichtigung der Ersparnisse im Monopolbetrieb für den Städter der Preis des Bauernbrotes kaum unter, sondern eher über dem Brotpreis aus Monopolmehl zu stehen kommen dürfte.

Preisermittelungsverfahren.

Wenn man zur Ermittelung der jährlichen Preise das amtliche Ernteschätzungs- und Ernteerhebungsverfahren, das im Kriege besonders ausgebaut wurde, mit zu Hilfe zieht, ist es durch einfache Multiplikation und Division gegeben, jährlich dem Ernteausfalle entsprechende Preise zu ermitteln, wenn man sich nur einmal auf Grundpreise für eine normale Ernte geeinigt hat.

Dies ist aber vollkommen dasselbe, wie sich über die Höhe von Zollsätzen zu einigen. Es handelt sich lediglich darum, einmal bzw. periodisch, ebenso wie es auch bei Zollsätzen notwendig ist, einen Preis zu bestimmen, der den inländischen Produktionskosten bei normaler Ernte entspricht. Ebenso wie die Zollsätze, wenn sich die inländischen Produktionsverhältnisse nach einer gewissen Periode verändert haben, einer Revision bedürftig sind, werden auch diese Grundpreise geändert werden müssen.

Während sich jedoch bei den Zollsätzen weiterhin auch dann eine Revision notwendig machen wird, wenn die Weltmarktlage sich aus irgendwelchen Gründen ändert, was erfahrungsgemäß oft ziemlich unvorhergesehen (ich erinnere an die etwa mit dem Jahre 1905 beginnende Periode) eintreten kann, fällt diese Möglichkeit hier fort.

Man wende daher dagegen nicht ein, daß bei einem solchen Verfahren die Getreidepreise zu einem ständigen Streitapfel unter den Parteien würden. Sie werden es um kein Haar mehr sein, als es bisher die Getreidezölle waren, vielmehr eher das Gegenteil, denn wie gezeigt, kann nur eine Verschiebung der inländischen Produktionsverhältnisse nicht aber auch eine Verschiebung der Weltmarktlage eine Änderung erforderlich machen.

Es kann nun behauptet werden, daß dieser Fall doch eintreten könne, nämlich dann, wenn sich das Niveau der Weltmarktpreise über das der Inlandpreise heben würde. In diesem Falle müßte der Inlandpreis bei dem Fehlbedarf der Produktion gegenüber dem Bedarfe notwendig zum mindesten auf die Höhe des Weltmarktpreises gehoben werden.

Dies ist zweifelsohne richtig. Aber wenn die Preise für ausländisches Getreide, also auch für ausländisches Futtergetreide, so gestiegen sind, haben sich damit auch die gesamten Produktionsvoraussetzungen in der deutschen Landwirtschaft geändert (theoretisch; praktisch ist dies schon eingetreten, noch bevor das Niveau der Weltmarktpreise das der Inlandpreise erreicht hat). Die Produktionskosten des Viehs, überhaupt aller animalischen Stoffe steigen. Zugleich damit steigt die Nachfrage, der Verbrauch und damit auch der Preis für alle Getreide ersetzenden inländischen Futtermittel, wie Kartoffel, Rüben usw.; damit letzten Endes der Grundwert des Bodens. Es ist der Moment gekommen, wo eine neue Wirtschaftsperiode anhebt, also auch ein neuer Grundpreis für Getreide festgesetzt werden muß, der Moment, wo bei einem Schutzzollsystem das Parlament in Tätigkeit treten muß, um eine Änderung der Zölle zu veranlassen, wo hier das Parlament in Tätigkeit treten muß, eine Änderung des Grundpreises zu veranlassen.

Wenn dieser Moment eintritt, hat sich der Grundwert der landwirtschaftlichen Nutzungsfläche auf der ganzen Welt geändert, es muß auch der Nutzungswert des Bodens, die Grundrente und damit das Niveau der Preise für die Erzeugnisse sich ändern. Nicht die Steigerung des Weltmarktpreises macht die Ändernng notwendig, sondern die Steigerung des Grundwertes der landwirtschaftlichen Nutzungsfläche — oder vielleicht auch eine über die ganze Welt gehende Steigerung des Wertes der Ware „Arbeit“.

Wenn aber im Gegenteil hierzu die Weltwirtschaftslage klar erkennen läßt, daß ganz besondere akute Einflüsse eine solche nur vorübergehende Steigerung der Weltgetreidepreise herbeigeführt haben, wie es z. B. auch für die Übergangszeit nach dem Kriege gilt, würde es für solche Fälle der gebotene Weg sein, eine solche Steigerung nicht etwa auch im Inlande durch Hebung der Grundpreise für die landwirtschaftlichen Erzeugnisse zu paralysieren, sondern gerade um die Landwirtschaft und überhaupt das Gesamtwirtschaftsleben vor schweren Erschütterungen zu bewahren, hier eine vorübergehende Zwangsbewirtschaftung Platz greifen zu lassen.

Es sei voll zugegeben, daß sich die Ernteschätzungen vor und bei Beginn der Ernte, wo notwendig auch schon Kaufabschlüsse über die Ernte getätigt werden müssen, noch nicht allzu genau ermitteln lassen, hier also Schwankungen in der Beurteilung des Ernteausfalles eintreten können und demnach auch die Preise schwanken müßten. Aber niemand wird dagegen einwenden können, daß diese dem wirklichen Ernteausfalle immerhin annähernd entsprechenden Preise für die Landwirtschaft nicht immer noch angemessener sein werden, als es etwa Weltmarktpreis plus Zoll sein kann.

Im übrigen ist es ja jedem Landwirte frei in sein Ermessen gelegt, ob er glaubt, daß der vor der endgültigen Ermittelung schätzungsweise bestimmte Preis ihn auf seine Kosten bringt und er deshalb verkaufen will oder ob er den vielleicht günstigeren, unter Umständen aber auch etwa schlechter ausfallenden endgültigen Preis abwarten will.

Tatsächlich ist dieser Vorgang, der hier künstlich unter Zugrundelegung eines bestimmten Preises durchgeführt wird, genau dasselbe, wie es sich auf dem Weltmarkte abspielt. Hier wird, da die inländische Produktion nicht dem Bedarfe entsprechen kann, also keine natürliche Einwirkung der Nachfrage auf den Produktionsumfang zur Geltung kommen kann, der Produktionsumfang sozusagen von Staats wegen durch das Niveau der Grundpreise bestimmt. Am Weltmarkte wird der Produktionsumfang durch die Nachfrage bestimmt. Und nach den Produktionskosten des schlechtesten Bodens, dessen Ertrag zur Deckung der Nachfrage noch erforderlich ist, richtet sich das Preisniveau. Aber auch hier richtet sich von diesem Niveau ausgehend ganz wie dort jährlich und täglich der Preis, den der Handel bietet und die

Erzeuger fordern, nach den Erwartungen über den Ausfall der Ernte. (Zur Erläuterung verweise ich z. B. auf den nordamerikanischen Baumwollmarkt, wo infolge der Einheitlichkeit des Marktes die Einflüsse der Wetterberichte, der Saatenstandsberichte, der amtlichen und privaten Ernteschätzungen auf die Bildung des Marktpreises besonders deutlich zum Ausdruck kommen.)

Im folgenden sei die Wirtschaftsperiode 1907/13 unter den Einwirkungen einer selbständigen Preisbildung für Getreide näher betrachtet.

Der Durchschnitt der Preise 1904/13 betrug für Weizen 200,72 M., für Roggen 167,45 M., der durchschnittliche Hektarertrag in derselben Periode bei Weizen 20,64 dz, bei Roggen 17,23 dz. Dies ergibt einen durchschnittlichen Geldbruttoertrag für den Hektar bei Weizenanbau von 414,29 M. und bei Roggenbau von 288,52 M. Nach der Erfahrung genügte dieser Geldertrag für den Hektar den Ansprüchen der Landwirtschaft vollauf, sie war imstande, auf Grund der sich daraus ergebenden Rente zu einer äußerst intensiven Bewirtschaftung überzugehen und auch noch schlechteste Böden in landwirtschaftliche Nutzung zu nehmen.

Auf Grund dieses Hektargeldertrages ergeben sich für die Jahre 1907/13 (die Jahre 1904/05 können infolge des anderen Zollniveaus und des noch nicht voll ausgebildeten Einfuhrscheinsystems nicht vergleichsweise herangezogen werden, auch das Übergangsjahr 1906 bildet infolge von Nachwirkungen noch keine richtige Vergleichsgrundlage) die in den Tabellen angegebenen, nach dem Ernteausfalle errechneten Preise, denen die tatsächlichen Preise vergleichsweise gegenübergestellt sind:

Weizen.

	Erntefläche in 1000 ha	Ernteertrag in 1000 t	Ernte pro ha dz	Tatsächl. Durchschnittspreis M. pro t	Errechneter Preis M. pro t	Wert der Ernte in Millionen M. auf Grund der tatsächl. Preise	Wert der Ernte in Millionen M. auf Grund der errechn. Preise
1907	1 746,8	3 479,3	19,9	206,3	208,2	717,8	724,3
08	1 884,6	3 767,8	20,0	211,2	207,1	795,7	780,5
09	1 831,4	3 755,7	20,5	233,9	202,1	878,5	758,8
10	1 942,9	3 861,5	19,9	211,5	208,2	816,7	803,9
11	1 974,2	4 066,3	20,6	204,0	201,1	829,5	817,8
12	1 925,7	4 360,6	22,6	217,0	183,3	946,3	799,4
13	1,974,1	4 655,9	23,6	198,9	175,5	926,0	817,3
						5 910,5	5 502,0

Roggen.

	Ernte-fläche in 1000 ha	Ernte-ertrag in 1000 t	Ernte pro ha dz	Tatsächl. Durch-schnitts-preis M. pro t	Errech-neter Preis M. pro t	Wert der Ernte in Millionen M. auf Grund der tatsächl. Preise	errechn. Preise
1907	6 042,6	9 757,9	16,1	193,2	179,2	1 885,2	1 748,6
08	6 119,9	10 736,9	17,5	186,5	164,9	2 002,5	1 770,2
09	6 130,7	11 348,4	18,5	176,5	156,0	2 003,0	1 769,9
10	6 186,8	10 511,2	17,0	152,3	169,7	1 600,9	1 783,9
11	6 135,6	10 866,1	17,7	168,3	163,0	1 828,7	1 771,2
12	6 268,3	11 598,3	18,5	185,8	156,0	2 154,9	1 808,8
13	6 414,1	12 222,4	19,1	164,3	151,0	2 008,2	1 846,1
						13 483,4	12 498,7

Daß diese errechneten Preise den Bedürfnissen der Landwirtschaft voll genügt hätten, wird auch von der Landwirtschaft selbst kaum bestritten werden können.

Es sei hier besonders auf das Jahr 1910 hingewiesen, wo die bei weitem niedrigsten Preise für Roggen mit einer verhältnismäßig schlechten Roggenernte zusammenfielen, die um 17,40 M. unter den errechneten Preisen lagen. Der Einfluß der vollkommen falschen Preise 1910 zeigt sich in seinem vollen Umfange in dem Zurückgehen der Roggenanbaufläche 1910/11 um über 50000 ha. Auf den Schlag, den die schlechten Preise für Roggen im Jahre 1910 den Bauern versetzt hatten, griffen sie im Herbst 1910 zu einem bedeutend umfangreicheren Anbau von Weizen (Steigerung der Anbaufläche um über 32000 ha). Aber trotz recht befriedigender Preise für Weizen 1911 scheinen sie damit offenbar in qualitativer Hinsicht keinen Erfolg gehabt zu haben. Denn es sank im nächsten Jahre die Erntefläche für Weizen wieder um nahezu 50000 ha und konnte sich auch 1912/13 noch nicht voll auf den Stand von 1910/11 erholen.

Der Versuchung zu so unglücklichen Experimenten, wie sie in diesem Falle nur beispielsweise zum Ausdruck kommen, ist aber bei richtiger Preisgestaltung die Landwirtschaft enthoben. Ihre Geldrente wird gesicherter, und es wird ihr die Grundlage für eine planmäßige Bewirtschaftung geboten.

Es kann demnach kaum in Zweifel stehen, daß die Landwirtschaft mit den errechneten Preisen, wenn ihre durchschnittliche Höhe auch etwas niedriger war, wesentlich besser gefahren wäre. Vergleicht man nun aber die Summe des Wertes der Ernten nach den tatsächlichen und errechneten Preisen, so kommt man zu dem überraschenden Schluß, daß, obwohl der Landwirtschaft angemessenere und für ihre Entwickelung vorteilhaftere Preise geboten worden wären, trotzdem schon an der Ernte von Weizen und Roggen eine Ersparnis von jährlich durchschnittlich fast 200 Mill. M. erzielt worden wäre.

Notwendigkeit eines staatlichen Eingriffes in das Mühlengewerbe.

Nachdem in der Schrift „Ein Reichsgetreidemonopol"[1]) schon eingehend dargelegt ist, daß nur eine Besteuerung des zur menschlichen Ernährung dienenden Getreides in Frage kommen kann und dort auch die Gründe auseinandergesetzt sind, die einen staatlichen Eingriff in das Mühlengewerbe notwendig erscheinen lassen, genügt an dieser Stelle eine kurze Zusammenfassung der Ergebnisse, die noch durch einige Belege ergänzt seien.

Das Kleinmühlengewerbe.

Zur Beurteilung der Verhältnisse im Kleinmühlengewerbe seien im folgenden zwei Bilanzen von württembergischen Genossenschaftsmühlen aus dem Jahre 1914 angeführt:

Genossenschaftsmühle in „L".

Buchabschluß für das Jahr 1914.

Einnahmen:

Für Mahlen, Schroten und Gerben	M.	9356
Aus Handel mit Mehl und Getreide usw.	„	2715
Aus Verkauf von Abfällen	„	2101
Für Zinsen	„	120
zusammen:	M.	14292

[1]) Dr. Frhr. E. v. Bechtolsheim, Ein Reichsgetreidemonopol, München, Max Steinebach 1918.

Ausgaben:

Betriebskosten, Kohle usw.	M. 2013	
Gehälter	„ 3470	
Allgemeine Unkosten	„ 3293	
Zinsen	„ 1954	
Abschreibungen	„ 2728	
Sonstiges	„ 58	M. 13516
Als Reingewinn blieben		M. 776

Genossenschaftsmühle „Z".

Buchabschluß für das Jahr 1914.

Einnahmen:

Vortrag von 1913	M. 115
Für Mahlen, Schroten und Gerben sowie aus Verkauf von Abfällen (letztere ca. 5000 M.)	„ 17052
Aus Mehl-, Getreide- usw. Handel	„ 5448
	M. 22615

Ausgaben:

Unkosten	M. 2368	
Gehälter und Löhne	„ 6401	
Zinsen und Dividende	„ 1855	
Verbrauch an Materialien	„ 414	
Abschreibungen auf Immobilien	„ 2212	
„ „ Mühleneinrichtungen	„ 2605	
„ „ Mühleninventar	„ 102	
Verlust an Guthaben	„ 16	M. 15973
Als Reingewinn blieben		M. 6642

Wie die Eingabe des württemb.-hohenzoll. Müllerbundes an das Kgl. Württ. Ministerium d. Innern vom 15. Febr. 1918, der sie entnommen sind, sagt, sind diese Mühlen gut und modern eingerichtet und können als Musterbetriebe gelten. Sie hätten gegenüber anderen Mühlen noch Vorteile, da sie ihren festen Kundenkreis in den Genossenschaftern haben, so daß alle Spesen für Erhaltung und Ausdehnung ihres Kundenkreises wegfallen, sie auch keine eigenen Fuhrwerke halten brauchen. Bei diesen reichte ein Mahllohn von 2 M. pro dz zum Bestehen nicht aus, sie mußten noch Nebenerwerb durch Handel mit Mehl und Getreide usw. suchen.

Wenn dieser für Friedenszeiten außerordentlich hohe Mahllohnsatz von 2 M. für den dz allein jedoch nicht ausreichte, die allgemeinen und Betriebsunkosten und die notwendigen Abschreibungen zu decken, ist dies ein schlagender Beweis, daß diesen Unternehmungsformen eine Daseinsberechtigung nicht mehr zukommt.

Es dürfte wohl als verfehlte Mittelstandspolitik bezeichnet werden, zugunsten dieser etwa 45000 Unternehmer die Allgemeinheit mit unnötig hohen Mehlpreisen zu belasten oder deshalb nicht eine Möglichkeit zu ergreifen, zum Vorteile der Allgemeinheit, insbesondere auch des Mittelstandes, der am wenigsten in der Lage ist, sich Deckung für hohe Mehlpreise zu schaffen, durch Bildung einer großzügigen Organisation in der Mühlenindustrie jahraus jahrein Ersparnisse im Werte von vielen Millionen Mark zu machen.

Diese Vorteile wären allein Grund genug, selbst nicht vor einer Vernichtung dieser Existenzen zurückzuschrecken, wenn es zur Erreichung des Zweckes notwendig wäre.

Es handelt sich nun aber bei weitem nicht um eine Vernichtung dieser Existenzen, sondern im Gegenteil ist es ein Nebenzweck der zu schaffenden Organisation, diesen Existenzen, die bei einer natürlichen Entwicklung und einem ruhigen weiteren Laufe der Dinge ihrer Vernichtung nicht entgehen könnten, in rationellster Weise die Möglichkeit einer Festigung ihrer Existenz zu schaffen.

Es soll ihnen eine erhöhte Beschäftigungsmöglichkeit auf dem Arbeitsgebiete zugewiesen werden, das ihnen heute eigentlich nur mehr zukommt und für das ihre Einrichtungen im allgemeinen auch nur mehr geeignet sind, dem Schroten von Futtergetreide. Und es soll ihnen dazu noch für den Entzug der Herstellung von Mehl, zu dessen rationelleren Gewinnung auf Grund der Fortschritte in der Technik sich eine Industrie gebildet hat, die auch allein in der Lage ist, Mehl und Mühlenfabrikate in einer Güte herzustellen, die für den menschlichen Organismus am geeignetsten ist, eine angemessene Entschädigung in Geld geboten werden, die ihr wirtschaftliches Fortkommen ermöglichen und sie in die Lage versetzen soll, sich noch einem weiteren Erwerbszweige, sei es in der Landwirtschaft oder in einem anderen Gewerbe, zuwenden zu können, die Müllerei dagegen nur mehr als Nebenbeschäftigung und Nebenerwerbszweig zu betrachten.

Denn nach den Verdienstmöglichkeiten, die schon vor dem Kriege nur mehr in der Kleinmüllerei lagen, gebührt dieser nur mehr der Rang eines Nebenerwerbszweiges, zur alleinigen Deckung des Existenzminimums der benötigten Arbeitskräfte können die gebotenen Verdienstmöglichkeiten bei der harten Konkurrenz mit der Industrie nicht mehr ausreichen.

Die Großmühlenindustrie.

Auf der andern Seite seien noch kurz die Verhältnisse in der Großmühlenindustrie gestreift. Da ist zunächst die Frage, wie kommt es, daß die Großmühlen in der Lage waren und ständig noch sind, sich so schnell und gewaltig auszudehnen? Woher nehmen sie insbesondere die Mittel, ständig immer mehr Mühlen mittleren Umfanges aufzukaufen, um dadurch ihr Absatzgebiet zu erweitern, ohne zugleich ihr Anlage- und Betriebskapital — es sind zumeist Aktiengesellschaften, so daß die Verhältnisse durchsichtiger sind — entsprechend erhöhen oder anderweitige Belastungen vornehmen zu müssen? Woher kommt es weiter, daß die meisten Großmühlen noch im vierten Kriegsjahre trotz ungenügender Beschäftigung und oft auch ungenügender Preise in der Lage sind, ihre Dividendenzahlungen, wie sie da und dort selbst zugeben, aus früheren Rücklagen in Friedenshöhe erhalten zu können?

All dies läßt nur den Schluß zu, daß in der Großmühlenindustrie in Friedenszeiten ganz außerordentliche Verdienstmöglichkeiten bestanden.

Zur Beurteilung dieser seien hier Angaben wiedergegeben, die sich auf eine Aktien-Großmühle R. in Mitteldeutschland beziehen:

Der Betriebsunkostensatz der Mehlherstellung[1]) stellte sich in Friedenszeiten bei dieser Mühle durchschnittlich auf etwa

[1]) Dieser umfaßt nicht die Aufwendungen für Beamte, für Amortisation, Verzinsung, Rückstellungen auf zweifelhafte Forderungen u. dgl.

0,90 M. pro dz. Obwohl die Mühle jedes Jahr nur mit etwa 75% ihrer Leistungsfähigkeit beschäftigt war, war sie nach früheren Mißerfolgen, die in erster Linie auf die Leitung aber auch auf technische Unzulänglichkeiten zurückzuführen waren, imstande, von einer Unterbilanz ihre Dividende im Laufe der Jahre neben reichlichsten Abschreibungen und Ansammlung von ganz bedeutenden offenen und stillen Reserven allmählich auf den stabilen Satz von 24% zu erhöhen, den sie einmal sogar noch wesentlich überschreiten konnte. Es ist ein buchmäßiger Nachweis darüber möglich, daß diese hohen Einnahmen nur rein fabrikatorischen Gewinn darstellen und sich nicht etwa auch aus Spekulationen durch günstige Ausnützung der Marktlage zusammensetzen, solche sind vielmehr dem Leiter ausdrücklich untersagt.

Zu dem Betriebsunkostensatz von 0,90 M. pro dz Mahlgut der Mühle R. ist noch zu bemerken, daß dieser infolge besonderer in der Anlage beruhender Mängel, die nicht leicht zu beheben sind, noch nicht sehr günstig ist, es kann vielmehr eine Anzahl von Großmühlenanlagen nachgewiesen werden, die mit einem Betriebsunkostensatz von 0,75 M. pro dz und darunter arbeiten.

Nun zeigen aber die statistischen Erhebungen, daß die Mittel- und Großmühlen durchschnittlich nur bis 75% ihrer Leistungsfähigkeit beschäftigt waren. Bei einer rationelleren Ausnutzung der Einrichtungen, wie sie mit einer Organisation zu erreichen wäre, ist also der frühere Verdienst noch lange nicht als die Grenze des Möglichen anzusehen.

Diese Annahme liegt auch mit den Bestrebungen einzelner weitsichtiger Mühlenleiter zugrunde, durch Einflußnahme auf eine Reihe von Großmühlen und über diese wieder auf viele von diesen abhängigen Mittelmühlen in dieser Richtung ausgleichend wirken zu können.

Durch den erfolgten Zusammenschluß von Großmühlen, wie er in manchen Landesteilen schon nahezu lückenlos nachzuweisen ist, wird zugleich ein dreifacher Zweck verfolgt und wohl auch in absehbarer Zeit erreicht werden:

Die Großmühlen durch Beseitigung der gegenseitigen Konkurrenz um die Ware möglichst ihrer Leistungsfähigkeit angemessen ständig gleichmäßig zu beschäftigen, die dadurch gewonnenen Vorteile in der Fabrikation dahin auszunützen, durch eine entsprechende Preispolitik möglichst die ihre Selbständigkeit wahren wollenden Mittelmühlen immer mehr lahmzulegen, um in weiterer Zukunft nach erfolgtem und offensichtlich angestrebtem Zusammenschluß der Gesamtgroßmühlenindustrie den Markt allein beherrschen und ausnützen zu können.

Wie weit diese Konzentrationsbewegung in der Großmühlenindustrie heute schon fortgeschritten ist, zeigen die im folgenden angegebenen Konzernbildungen, bei denen sich schon Zusammenhänge von einem Konzern zum andern verfolgen lassen. Diese Nachweisungen erheben bei weitem nicht den Anspruch, vollkommen zu sein, vielmehr ist es kaum zweifelhaft, daß noch weitere solche Bildungen bestehen:

Mühlenkonzerne.

Konzern Illkircher Mühlenwerke (Direktor Levy):

Illkircher Mühlenwerke A.-G., vorm. Gebr. Baumann, Straßburg,
Elsässer Mühlenwerke A.-G., Straßburg,
Pfälzische Mühlenwerke in Mannheim und Schifferstadt,
Knieriem, Osthofen,
Dortmunder Mühlenwerke A.-G.,
Rheinmühlenwerke A.-G., Mannheim,
Hildebrandt Söhne, Mannheim und Weinheim,
Berliner Vikteriamühle A.-G., Berlin,
A.-G. für Mühlenbetrieb, Neustadt a. d. H.,
(Kaufmann Söhne, Mannheim),
(Ludwigshafener Walzmühle A.-G., Ludwigshafen a. Rh.)[1]).

Konzern Ludwigshafener Walzmühle und Werner & Nicola:

Ludwigshafener Walzmühle A.-G., Ludwigshafen a. Rh.,
Werner & Nicola, Mannheim,

---

[1]) Die Einflußnahme von Illkirchen auf die Ludwigshafener Walzmühle wird bestritten, dennoch führe ich sie hier an, weil die Wahrscheinlichkeit dafür spricht. Illkirchen beherrscht auch in Frankreich und Belgien Mühlenanlagen, die Vermutung ist nicht von der Hand zu weisen, daß dem Konzern für seine Expansionsbestrebungen ausländisches Kapital zur Verfügung steht.

Werner & Nicola vorm. Vedder, Duisburg,
Weizenmühle Gottschalk A.-G., Krefeld,
Leysiefer & Lietzmann, Köln a. Rh.,
Hefftsche Kunstmühle, Mannheim, Bammenthal und Worms, (Kaufmann Söhne, Mannheim).

Südbayerische Mühlenvereinigung[1]):
Ludwigshafener Walzmühle A.-G., Ludwigshafen,
Vereinigte Kunstmühlen A.-G., Landshut i. NB.,
Kunstmühle Hoß, Mühldorf,
Aktienkunstmühle Rosenheim,
Kunstmühle Aichach,
Mühle Beck, Aichach.

Konzern Getreidekommission A.-G.[1]):
Rheinmühlen A.-G., Düsseldorf (nur für Graupen u. Hartgrieß),
Krefelder Mühlenwerke A.-G., Krefeld,
Dortmunder Mühlenwerke A.-G., Dortmund (auch Konzern Illkirchen),
Wesermühle A.-G., Hameln.

Konzern Breslauer Spritfabrik:
Rechte-Oder-Ufer-Mühle, Kreuzburg,
Rosenthaler Mühlenwerke A.-G., Breslau,
Oppelner Dampfmühle vorm. Friedländer, Oppeln,
Walzmehlmühle in Lissa i. Pommern.

Dr. Luther, Dresden[1]):
Krefelder Mühlenwerke A.-G., Krefeld (auch Konzern Getreidekommission A.-G.),
Mühle Rüningen A.-G., Braunschweig-Rüningen,
Braunschweiger Roggenmühle A.-G., Lehndorf-Braunschweig,
Rathenower Dampfmühlen A.-G., Rathenow.

Mühlenbesitzer Komm.-Rat Plange, Düsseldorf:
Eine Mühle in Düsseldorf (6000 dz Tagesleistung),
Eine Mühle in Hamburg (7000 dz Tagesleistung),
Eine Mühle in Soost,
H. W. Lange A.-G., Altona.

---

[1]) Ist nicht als Konzern schlechthin zu bezeichnen, immerhin ist aber anzunehmen, daß diese Mühlen in bezug auf Preisgestaltung etc. einheitlich vorgehen.

Scheint es da nicht naheliegend, wenn der Staat eine Entwickelung, die letzten Endes in der Technik begründet ist und nicht aufzuhalten ist, sich zunutze macht?

Was Privatwirtschaft allein nur allmählich unter Vernichtung von vielen Tausenden von Existenzen, aber aus Gründen, die in der mangelhaften Beherrschung des Rohproduktenmarktes liegen, schließlich vielleicht doch nicht vollkommen erreichen kann, ist unter Mitwirkung des Staates sofort möglich.

Dabei kann der Staat dahin wirken, daß den bei natürlicher Fortentwickelung zugrunde gehenden Existenzen neue Wirtschaftsmöglichkeiten erschlossen werden, ohne die daraus erwachsenden finanziellen Lasten sich selbst aufbürden zu müssen. Und weiterhin ist es selbstverständlich, daß dem Staate für seine Mitwirkung an dem Verdienst der Mühlenindustrie, der infolge dadurch ermöglichter voller Ausnutzung der Leistungsfähigkeit der Anlagen und infolge nahezu verdoppelter Beschäftigung ganz wesentlich gesteigert wird, ein angemessener Anteil gebührt.

Organisation des Mühlensyndikates.

Leitpunkt bei einer Organisation der Mühlen muß es sein, die denkbar größte Wirtschaftlichkeit in der Betriebsführung zu erzielen und diese ständig weiter zu steigern und den denkbar größten Ertrag für den Staat herauszuwirtschaften, dabei aber die soziale und wirtschaftliche Bedeutung des Monopols voll zu berücksichtigen, einerseits die Landwirtschaft möglichst zu fördern, anderseits den Konsum nicht mehr als irgend notwendig zu belasten. Auch gilt es nicht, die private Initiative aus der Mühlenindustrie auszuschalten, vielmehr diese dem Staate voll nutzbar zu machen.

Daher wird die zu schaffende Organisation an den bestehenden Verhältnissen im Mühlengewerbe unter möglichster Schonung derselben anknüpfen müssen und in der Hauptsache nur durch Ausbau derselben ihre Zwecke zu erreichen suchen. Das zunächst erstrebte Ziel ist ja nicht darauf gerichtet, eine Verstaatlichung der Mühlenindustrie durchzuführen, sondern lediglich die private Mühlenindustrie zu organisieren, um für Steuerzwecke ein geeignetes Objekt und insbesondere für die sozialen und wirtschaftspolitischen Bestrebungen ein geeignetes Organ zu schaffen.

An der Spitze der Organisation würde das **Reichsmühlenamt** als Zentrale stehen.

Dieses ist Preisnormierungsstelle. Zu diesem Zwecke ist ein System von Erntebeobachtern und beeidigten Ernteschätzern nach dem Vorbilde, wie es im Kriege für die Zwecke der Reichsgetreidestelle ausgebildet wurde, über das Wirtschaftsgebiet verteilt. Aus den regelmäßigen Berichten berechnet die Zentralstelle den durchschnittlichen Ernteausfall und danach den jeweiligen Preis auf Grund des gesetzlich festgelegten Normalpreises.

Die Zentrale regelt, wie weiter unten gezeigt, den Ein- und Ausfuhrverkehr und bestimmt damit indirekt den Inlandpreis.

Das Reichsmühlenamt ist Aufsichtsbehörde über die Mühlen.

Es ist Rechnungsstelle für Berechnung der Syndikatsabgaben. Die Mühlen sind daher verpflichtet, ihm Auskunft über die verkauften Mengen von Getreideprodukten und die vereinnahmten Preise, über sonstige geschäftliche Maßnahmen sowie über die Lohnverhältnisse und die Arbeitsdauer zu erteilen und die Besichtigung der Anlagen zu gestatten. Sie sind ferner verpflichtet, ihm zum Zwecke der Nachprüfung der gemachten Angaben die Bücher und Belege vorzulegen (analog § 34 des Gesetzes über den Absatz von Kalisalzen).

Für die weitere Organisation sind zwei Wege gegeben, Zentralisation oder Dezentralisation. Im ersteren Falle wären vorläufig über 600 Mühlen an die Zentrale direkt angeschlossen, von dieser zu beaufsichtigen und zu kontrollieren. Demgegenüber ist der letztere Weg übersichtlicher, Aufsicht und Kontrolle sind leichter zu handhaben und zudem ist Gewähr dafür geboten, daß die Einzelbetriebe infolge vollkommen freier privater Initiative in kürzester Zeit einem hohen Grade von Wirtschaftlichkeit in der Betriebsführung zugeführt werden.

Es wären nur etwa 60 bis 90 Anlagen in direktem Verkehr mit der Zentrale, unter Anknüpfung an die bestehenden Konzerne und weiterer Ausgestaltung dieser ist es wahrscheinlich, daß sich ihre Zahl kaum wesentlich über die untere Grenze erheben dürfte. Es würden also sog. Hauptmühlen geschaffen, an welche die im Umkreis liegenden kleineren Mühlen als sog. Nebenmühlen angeschlossen sind. Im Verkehr mit der Zentrale würde jede Hauptmühle mit ihren Nebenmühlen als einheitlicher Betrieb zu gelten haben.

Der Initiative der Hauptmühlen ist es überlassen, diese Nebenmühlen auf ihre Wirtschaftlichkeit hin genau zu prüfen und zu berechnen, ob es sich für sie wirtschaftlicher stellen wird, einzelne von ihnen im Laufe der Zeit stillzulegen und dafür andere weiter auszubauen.

Man wird also davon ausgehen müssen, zunächst im ganzen so viele Betriebe in das Syndikat einzuschließen, daß ihre Gesamtleistungsfähigkeit unter Beachtung der möglichen Steigerung derselben durch Aufstellung von überflüssig werdenden Maschinen der ausgeschalteten Betriebe nahezu dem Bedarfe entspricht[1]).

Alle übrigen Mühlen werden auf die Herstellung von Futterschrot beschränkt und erhalten eine Entschädigung für entgehenden Gewinn aus der für sie künftig verbotenen Mehlherstellung. Die dazu benötigten Mittel werden durch eine Syndikatsanleihe beschafft, deren Verzinsung und Amortisation Sache des Syndikats ist.

Private Sache jeder Hauptmühle ist es, die Mittel aufzubringen und allmählich wieder zu verdienen, ihre angeschlossenen Betriebe zur Steigerung der Wirtschaftlichkeit weiter zu konzentrieren. Wie die Beobachtung der bisherigen Bewegung in der Mühlenindustrie zeigt, sind die meisten Großmühlen unter richtiger Leitung, diese Bestrebungen erfolgreich und auf wirtschaftlichste Weise durchzuführen.

Das Reichsmühlenamt hat auf diese Weise mit Steigerung der Wirtschaftlichkeit direkt nichts zu tun, sondern es wird nur indirekt durch die Art der Berechnung der Syndikatsabgabe auf Steigerung der Wirtschaftlichkeit durch private Initiative hingearbeitet.

Berechnung der Syndikatsabgabe.

Einigermaßen schwierig gestaltet sich die Berechnung der Syndikatsabgabe auf Grund der Festsetzung der Mehlpreise.

[1]) Nach fachmännischen Angaben sind nahezu alle Großmühlen in bezug auf Anlage ihrer Kraftquellen und Baulichkeiten ohne weiteres in der Lage, ein viertel bis halb soviele Arbeitsmaschinen aufzustellen, als sie gegenwärtig besitzen, so daß wesentlich neue Anlagekosten dadurch nicht entstehen.

Um einerseits der sozialen Bedeutung des Monopoles gerecht zu werden und anderseits die Ertragsfähigkeit des Monopoles für den Staat möglichst zu steigern, werden für Mehl verschiedene Preise festzusetzen sein: Ein verhältnismäßig niederer Preis für sog. Landmehl in Weizen und Roggen, das in erster Linie für die Brotbereitung bestimmt ist und ein höherer Preis für sog. Qualitätsmehle für Koch- und Backzwecke, insbesondere auch für Belieferung der Nudel- und Teigwarenfabriken, des Konditorengewerbes und der Kakesfabriken.

Hierzu wird es notwendig sein, den freien Mehlhandel, soweit er bisher nicht bei den Mühlen, sondern in dritten Händen lag (diesem kam an sich kaum eine wirtschaftliche Bedeutung zu), zu beseitigen und den Mehlvertrieb mit in die Organisation einzuschließen.

Die Berechnung der Syndikatsabgabe, also der Ertrag des Syndikates für das Reich, muß sich nach den Gewinnen der Mühlen richten. Der Ertrag jeder Mühle ist abhängig von der Höhe der Ein- und Verkaufspreise von Getreide und Produkten, dem Umsatze und der Höhe der allgemeinen und Betriebsunkosten, also der Wirtschaftlichkeit der Betriebsführung.

Der Berechnung der Syndikatsabgabe werden demnach auch die Handelsgewinne, der Umsatz, die Leistungsfähigkeit und schließlich auch die Wirtschaftlichkeit der Betriebsführung zugrunde gelegt werden müssen. Denn nur dann wird der Zweck durch die Art der Erhebung der Syndikatsabgabe auf eine Steigerung des Ertrages und der Wirtschaftlichkeit hinzuarbeiten, voll erreicht werden können.

Im einzelnen ergeben sich demnach folgende Gesichtspunkte für Erhebung der Reichsabgabe:

Es ist eine dem Umsatz proportionale Abgabe zu entrichten. Steigt der Umsatz über einen bestimmten Prozentsatz der Leistungsfähigkeit, ermäßigt sich die Abgabe für die Mehrproduktion.

Bezüglich der Ein- und Verkaufspreise von Getreide und Produkten, also an den sog. Handelsgewinnen, die infolge der Schwankungen der Getreidepreise insbesondere vor und bei Beginn der Ernte, dann infolge Minderbewertung von Getreide wegen seiner Qualität eintreten können, ist das Reich mit einem bestimmten Prozentsatze beteiligt. Dieser wird zweckmäßig sehr hoch gewählt werden, um die Neigung zu Spekulationsgewinnen bei den einzelnen Mühlen zu unterdrücken, vielmehr die Mühlen anzuhalten, bei jeder Anschaffung von Getreide auch sofort möglichst den ganzen Absatz der Produkte zu entsprechenden Preisen sicherzustellen.

Ein besonderer Aufschlag wird auf den Verkauf von Qualitätsmehlen gelegt.

Über den Einkauf von Auslandgetreide ist besonders Buch zu führen. Soweit der Durchschnitt des jährlichen Gesamteinkaufspreises von ausländischem Getreide unter dem Jahresdurchschnitte der Weltmarktpreise liegt, ist hierfür der Mühle eine progressiv ansteigende Prämie zu gewähren.

Hiermit wird die denkbar beste Gewähr für günstige Ausnutzung der Weltmarktkonjunktur durch private Initiative der einzelnen Mühlen geboten sein, der Staat wird sich den überwiegenden Teil des Gewinnes aus dieser sichern, ohne aber damit sich selbst ein Risiko aufzuladen oder etwa gar selbst in den Ruf eines Getreidespekulanten zu kommen[1]).

Auch die Höhe der allgemeinen und Betriebsunkosten, die Wirtschaftlichkeit der Betriebsführung werden einen Maßstab für die Syndikatsabgabe abgeben müssen. Dabei wird auch die Zahl der beschäftigten Personen, die Höhe der Gehälter und Löhne mit in Rechnung zu stellen sein.

Diese vielseitigen zu berücksichtigenden Gesichtspunkte werden die Berechnung der Syndikatsabgabe nicht leicht gestalten. Den Schwierigkeiten könnte dadurch aus dem Wege gegangen werden, daß die Berechnung lediglich nach dem Umsatze erfolgt. Die Abgabe wäre dann im wesentlichen dasselbe wie eine Vermahlungssteuer. Sie hätte einer gewöhnlichen Vermahlungssteuer ohne Syndizierung der Betriebe gegenüber allerdings noch eine Reihe von Vorteilen, insbesondere als eine Beeinflussung der Preisgestaltung möglich wäre, dann auch indem nur im allgemeinen wirtschaftlich arbeitende Betriebe für die Herstellung von Getreideprodukten zugelassen würden und insofern eine Entlastung des Konsums eintreten würde.

Aber wesentliche Zwecke der Monopolisierung, wie ständige Steigerung der Wirtschaftlichkeit und auch angemessene Anteilnahme des Reiches an den daraus erwachsenden Ersparnissen,

---

[1]) Über die nähere Durchführung siehe den Abschnitt „Regelung des Ein- und Ausfuhrverkehres".

überhaupt höchste Anspannung der Privatinitiative und Indienststellung dieser für die Zwecke der Allgemeinheit würde damit nicht erreicht.

Regelung des Ein- und Ausfuhrverkehres — Geltendmachung eines vom Weltmarkte unabhängigen Inlandpreises.

Vor Regelung des Ein- und Ausfuhrverkehres ist es notwendig, sich über Umfang und Notwendigkeit des Ein- und Ausfuhrverkehrs in Getreide ein Bild zu machen.

Für Weizen: Notwendigkeit der Einfuhr zur Deckung des inländischen Bedarfes; Ausfuhr zum Ausgleich der Qualitätsverschiedenheiten.

Bei Roggen ist es das umgekehrte Verhältnis: Ausfuhr infolge Überschusses der inländischen Produktion, Einfuhr zur Ergänzung der Qualitäten.

Ganz besonders sind die Verhältnisse bezüglich Hafer: Die inländische Produktion schwankte vor dem Kriege ständig um den inländischen Bedarf. Daneben bestand eine ziemlich bedeutende Einfuhr, eine ebenso bedeutende Ausfuhr. Wirtschaftlich besteht für Einfuhr von Hafer kein Bedürfnis, da die Landwirtschaft in der Lage ist, den gesamten Inlandbedarf an Hafer zu decken, für Ausfuhr erst dann, wenn die inländische Produktion an Hafer ständig über den inländischen Bedarf steigen sollte.

Da die Weltnachfrage nach Roggen in einem langsamen Sinken begriffen ist, während die Bedeutung des Hafers auch für menschliche Ernährungszwecke immer mehr erkannt wird, also mit einem allmählichen Steigen der Nachfrage nach Hafer zu rechnen ist, wäre es vom agrarischen wie allgemein wirtschaftlichen Standpunkte günstig, wenn die deutsche Landwirtschaft mehr und mehr zum Anbau von Hafer unter gleichzeitiger Verringerung des Roggenanbaues überginge. Zur Förderung dieser Bestrebungen ist es notwendig, eine günstige Marktlage für Hafer herzustellen.

Diese ist geschaffen, wenn ausländischer Hafer möglichst vollständig vom Inlandmarkte ferngehalten wird. Hier ist das Feld für einen Schutzzoll. Wenn dieser genügend hoch ist und auch nicht etwa durch ein Einfuhrscheinsystem wie vor dem Kriege eine Relation des Inlandpreises zum Weltmarktpreise hergestellt wird, wird dieser Schutzzoll nicht dazu führen, daß sich Inlandhaferpreis gleich Weltmarktpreis plus Zoll stellt, sondern der inländische Haferpreis wird sich nach dem jährlichen Ernteausfalle und nach der Nachfrage automatisch und natürlich einstellen, er wird sich also so stellen, wie er jeweils für den Landwirt am günstigsten ist, — es wird infolge der Parallelität von Angebot und Nachfrage auf natürliche Weise dasselbe erreicht, wie es bei Weizen und Roggen infolge des Unter- bzw. Überschusses auf künstliche Art und Weise hergestellt werden muß.

Wenn dann in späteren, vorläufig noch nicht absehbaren Zeiten sich ein ständiger Überschuß der inländischen Produktion an Hafer gegenüber dem inländischen Bedarfe herausstellen sollte und da der Weltmarktpreis für Hafer nicht den inländischen Produktionsverhältnissen entsprechen sollte, da kann dann vielleicht die Zeit gekommen sein, wo es am Platze ist, der Landwirtschaft durch Ausfuhrprämien auf Hafer (nicht etwa durch ein in der Wirkung verfehltes Einfuhrscheinsystem) weitere Absatzgebiete zu schaffen.

Besonders verhält es sich auch mit Gerste: Gerste ist kein allgemein vertretbarer Handelsartikel wie es die anderen Getreidearten sind. Der Wert der Gerste ist in viel höherem Maße als bei den anderen Getreidearten von der Qualität abhängig. Mälzer können nur allerbeste Ware gebrauchen und sind deshalb bereit, für solche ganz wesentlich andere Preise anzulegen als z. B. Brennereien, Malzkaffee-, Hefefabriken oder Graupenmühlen. Und wenn Gerste für Futterzwecke Verwendung finden soll, muß ihr Preis in richtigem Verhältnis zu anderen Futtermitteln, die ebenso verwendbar sind, wie z. B. Mais, Kartoffeln, stehen. Wir haben demnach für Gerste keine einheitliche Preisbildung, mehr als bei anderen Getreidearten werden hier die Preise von den jeweiligen Käuferkreisen bestimmt.

Die Interessen der Landwirtschaft sind somit gesichert, wenn nur dafür gesorgt ist, daß beste Qualitäten aus dem Auslande nicht zu billig angeboten werden. Dem inländischen Produzenten ist es dann gegeben, für seine Ware je nach ihrer Qualität sich einen entsprechenden Käufer zu suchen, und er wird dann auch einen der Qualität angemessenen Preis erzielen.

Ob nun ausländische sog. Braugerste mit einem hohen stabilen Zoll belastet oder günstiger ein ähnliches System wie bei Brotgetreide angewendet wird, kann an dieser Stelle unerörtert bleiben.

Auf Futtergerste, wofür große im Inlande nicht zu deckende Nachfrage besteht, wird wie bisher ein niederer Zoll zu legen sein. Diese Futtergerste wird, wenn sie denaturiert wird, die natürliche Preisbildung für inländische Gerste nicht aufheben, wenn ja wohl etwas beeinflussen.

Dasselbe wie für Futtergerste gilt für Mais. Nur wird es angezeigt sein, auch Mais, soweit er in den freien Verkehr übergeht, zu denaturieren; soweit Mais für menschliche Ernährungszwecke dient, ist er in der Lage, einen höheren Zoll zu tragen, und es wird dies insofern günstig sein, als dadurch eine Konkurrenz mit Brotgetreide und ein Sinken der Nachfrage nach diesem niedergehalten wird.

Zusammenfassend ergibt sich für die künftige Agrarpolitik somit folgendes Bild:

Auf Futtergetreide und Futtermittel, die nicht in ausreichendem Maße im Inlande produziert werden, wie Mais, Gerste, Ölkuchen, Ölkuchenmehl ein mäßiger Zoll.

Soweit dieselben Getreidearten für menschliche Ernährungszwecke Verwendung finden, ein hoher Zoll im Interesse der inländischen Produktion und des Absatzes inländischer Erzeugnisse, die jene ersetzen können.

Für Futtergetreide, dessen Bedarf voll im Inlande gedeckt werden kann, also Hafer, ein hoher Schutzzoll, der eine selbständige inländische Preisbildung, entsprechend dem inländischen Ernteausfalle, also entsprechend Angebot und Nachfrage bewirkt.

Für Roggen und Weizen eine künstliche Preisbildung, die ebenso wie bei Hafer dem Ernteausfalle entspricht.

Nachdem in dem Abschnitte über Preisermittelungsverfahren bereits gezeigt wurde, wie der jeweils dem inländischen Ernteausfalle entsprechende Preis ermittelt werden kann, handelt es sich hier nur mehr darum, zu zeigen, wie dieser Preis praktisch zur Geltung gebracht werden kann.

Statt eines stabilen Zolles bei der Einfuhr von Weizen und Roggen wird das Reichsmühlenamt Freigabescheine zu einem Preise abgeben, welcher der jeweiligen Differenz zwischen ermitteltem Inlandpreis und Weltmarktpreis entspricht. Diese Freigabescheine werden nur an Mühlen abgegeben. Denn nur diese haben, wie oben gezeigt (Berechnung der Syndikatsabgabe, S. 31), ein Interesse daran, nur dann Freigabescheine abzunehmen, wenn die Differenz zwischen Weltmarktpreis und Inlandpreis möglichst groß ist, also immer möglichst billig auf dem Weltmarkte einzukaufen.

Nachdem die Zentrale aber jederzeit und unbeschränkt, auch bei hohen Weltmarktpreisen, Freigabescheine auf Anruf abgibt, ist nicht die Zentrale, und da diese unter Mitleitung des Reiches steht, das Reich Getreidespekulant, sondern die einzelne private Mühle. Sie besorgt jeden Abruf eines Freigabescheines auf ihr Risiko. Denn nur wenn der Durchschnittspreis ihrer Gesamteinfuhr unter dem Jahresdurchschnitte des Weltmarktpreises liegt, zieht sie daraus Nutzen.

Die Freigabescheine nur an Mühlen zu geben, genügt aber auch vollauf den Ansprüchen des Verkehrs. Nur diese brauchen die effektive Ware. Auf den freien Handel in der Ware, der sich nur auf Grund von Dokumenten und Proben abspielt, übt es keinen beschränkenden Einfluß, wenn die Ware solange, bis sie einen endgültigen Abnehmer, einen Verbraucher, gefunden hat, unter Zollverschluß bleibt. (Meist ist ja die Ware, bis sie per Schiff in Deutschland ankommt, schon längst an den endgültigen Abnehmer verkauft, so daß bei Ankunft ohne weiteres der Umschlag sofort nach der betreffenden Mühle erfolgen kann, also eine Erweiterung der Zollager deshalb nicht nötig sein wird.)

Mit dem Preis für die Freigabescheine bestimmt die Zentrale indirekt den Preis, den die Mühlen für inländisches Getreide anlegen wollen. Er wird je nach der Qualität der angebotenen Ware wie bisher nach oben und unten von dem normierten Preise abweichen.

Die Ausfuhr von Getreide wird ermöglicht durch Abgabe von sog. Getreidewechseln. Dies sind Scheine, auf welchen die Menge und die Preisdifferenz zwischen Weltmarktpreis und Inlandpreis am Tage der Ausgabe vermerkt wird und welche nach Bestätigung der Zollbehörde über die erfolgte Ausfuhr von dem Aussteller zu der vermerkten Preisdifferenz eingelöst werden.

Aussteller der Getreidewechsel sind die Mühlen. Inlandpreis ist der jeweils für Durchschnittsware geltende und an den Börsen offziell notierte Preis.

Jeder Landwirt oder Händler, der einer Mühle Getreide anbietet, hat Anspruch auf Abnahme der Ware oder Ausstellung eines Getreidewechsels.

Mit dieser Regelung werden folgende günstige Wirkungen erzielt:

Die Mühle wird bedacht sein, wenn irgend möglich, das Getreide abzunehmen, da sie andernfalls in die Lage kommen kann, einen Getreidewechsel abgeben zu müssen, der ebenso wie dei Freigabescheine auf den Jahresdurchschnitt berechnet wird.

Sie wird einen solchen also nur dann gerne abgeben, wenn sie reichlichst eingedeckt ist und die Weltmarktpreise inzwischen gestiegen sind. Denn durch die geringere Differenz verbessert sie ihren Jahresdurchschnitt des Einkaufspreises. Bei niederen Weltmarktpreisen, also einer großen Differenz, wird die Mühle jedoch, wenn sie nur irgend kann, die angebotene Ware aufnehmen, um ihren Jahresdurchschnitt nicht zu verschlechtern.

Es wird mit anderen Worten deutsches Getreide nur dann ausgeführt werden, wenn die Weltmarktpreise anziehen und der gesamte inländische Bedarf an ausländischem Getreide zu niederen Preisen gedeckt ist. Neben der günstigen Wirkung für das gesamte Wirtschaftsleben ist dies auch vorteilhaft für das Reich, als auf diese Weise auch hohe Weltmarktpreise dem Monopolertrage zugute kommen.

Sollte eine Mühle jedoch in dem Falle hoher Weltmarktpreise nicht genügend eingedeckt sein, wird sie, bevor sie sich an den Weltmarkt wendet, alles aufbieten, von den inländischen Produzenten soviel Getreide wie nur irgend möglich herauszuziehen, unter Umständen auch für schlechtere Qualitäten Durchschnittspreise bieten, um nicht zu den hohen Weltmarktpreisen, also für sich wie für das Reich ungünstig, einkaufen zu müssen.

Die Ausfuhr von Müllereiprodukten, ebenso der Veredelungsverkehr spielen sich analog ab.

Es dürfte nun scheinen, daß entsprechend den sich möglicherweise entgegengesetzt verhaltenden Schwankungen von Weltmarktpreis und Inlandpreis die Einnahme des Syndikats aus Freigabescheinen sehr schwanken werden. Dem ist aber nicht so. Den Preisen für Brotgetreide gehen auf dem Weltmarkte die Preise für Futtergetreide und andere Futtermittel parallel. Demnach wird bei hohen Weltmarktpreisen eine erheblich stärkere Verfütterung von inländischem Getreide stattfinden, der Bedarf an ausländischem Getreide für das Syndikat wird größer sein, dagegen dürfte bei niederen Weltmarktpreisen, also niederen

Futtermittelpreisen, die Zufuhr von inländischem Getreide an die Mühlen bedeutend stärker werden, und damit wird ein geringerer Bedarf an ausländischem Getreide für das Syndikat eintreten.

Was also die Einnahmen an Freigabescheinen infolge der geringeren Preisdifferenz bei hohen Weltmarktpreisen nachlassen, wachsen sie an der Menge der Ausgabe von Freigabescheinen und umgekehrt, so daß ein gewisser Ausgleich zu erwarten ist. Zudem kann auch die Höhe des Weltmarktpreises bei Berechnung der Mehlpreise mit in Rechnung gestellt werden, so daß hier eine weitere Ausgleichsmöglichkeit besteht.

In der Regelung des Ein- und Ausfuhrverkehrs mittels Freigabescheinen und Getreidewechseln kommen die Vorzüge gegenüber dem früheren Einfuhrscheinsystem ohne weiteres so zum Ausdruck, daß sich eine nähere Besprechung derselben erübrigt.

Es ist auch klar, daß der Handel — soweit er bisher auf reeller Grundlage arbeitete — sowohl in bezug auf Auslandware wie auf Inlandware seine Rolle behält wie bisher. Die Mühlen werden wie bisher direkt im Auslande kaufen, sie werden aber wie bisher auch vom Handel ausländisches Getreide kaufen, ganz je nachdem sie sich von jedem Abschlusse größere Vorteile versprechen. Der Handel ist in dem Umsatze ausländischer wie inländischer Ware in keiner Weise beschränkt, an den Börsen und Märkten werden gesondert von den Preisen für Inlandgetreide Preise für Auslandgetreide notiert, die sich unter Berücksichtigung der Frachten, Spesen usw. nach dem Weltmarkte richten werden. Sollte der Handel ausländischen Weizen oder Roggen an andere Verbraucher als Mühlen effektiv liefern wollen, was nur für Futterzwecke der Fall sein kann, hindert ihn daran nichts, dieser wird dann wie Futtergerste behandelt, denaturiert und unterliegt demselben niederen Finanzzoll.

Der Ertrag für das Reich. — Der Mehl- und Brotpreis.

Um ein Bild über den finanziellen Ertrag der Mühlenorganisation und über den Einfluß dieses auf die Mehl- und Brotpreise zu geben, ist im folgenden der Ertrag des Monopols errechnet, wie er sich im Durchschnitt der Jahre 1907/13 ergeben hätte.

Wie sich aus dem Gesamtaufbau der Organisation ergibt, sind es verschiedene Quellen, aus denen sich der Ertrag zusammensetzt.

Es ist dies einmal eine Ersparnis in bezug auf Einkauf des Getreides, die durch die selbständige Preisbildung ermöglicht ist.

Im Durchschnitt der Jahre 1907/13 hätten sich die Preise für Weizen auf 198 M. und für Roggen auf 163 M. gestellt gegen 212 bzw. 175 M., wie sie infolge des Einflusses der Weltmarktpreise betrugen.

Bei einer Verarbeitungsmenge von 120 Mill. dz jährlich für den inländischen Bedarf, der sich schätzungsweise auf 50 Mill. dz Weizen und 70 Mill. dz Roggen verteilt, hätte dies beim Einkaufe von Weizen eine Ersparnis von 70 und beim Einkaufe von Roggen eine Ersparnis von 84 Mill. M., also zusammen von 154 Mill. M. bedeutet.

Zur Deckung des Weizenbedarfes waren nach den Berechnungen von Prof. Dr. H. Warmbold[1]) im Durchschnitt der Jahre 1909/13 (für den Durchschnitt 1907/13 dürfte sich kaum eine wesentliche Veränderung ergeben, so daß die Zahlen von 1909/13 bei diesen doch nur roh geschätzten Ermittelungen zugrunde gelegt werden können) jährlich 18,7 Mill. dz ausländischer Weizen notwendig, dagegen wurde ein Überschuß von 6,5 Mill. dz Roggen ausgeführt. Der Weltmarktpreis im Durchschnitt der 7 Jahre 1907/13 betrug auf dem Kontinent für Weizen 168 M. (Antwerpen) und für Roggen 135 M. (Riga). Es wären demnach an Freigabescheinen für Weizen 56 Mill. M. vereinnahmt und an Getreidewechseln 18 Mill. M. verausgabt worden, es ergibt sich ein Überschuß von jährlich 38 Mill. M.

Dies stellt jedoch die allerunterste Grenze dar. Denn die Wirkung des Systems der Freigabescheine und Getreidewechsel, jeweils immer nur die günstigste Marktlage auszunutzen, ist dabei gar nicht berücksichtigt. Jede Mark unter dem Durchschnitt im Einkauf würde, da hier nicht der Überschuß sondern die Gesamteinfuhrmenge von Weizen und Roggen in Betracht kommt, 2,8 Mill. M. und jede Mark über dem Durchschnitt im Verkauf bei der Gesamtausfuhrmenge 1,5 Mill. M. ausmachen, so daß sich der Überschuß wohl auf 46 Mill. M., wenn nicht noch höher gestellt hätte.

Allein beim Einkaufe hätte das Monopol demnach jährlich zu einer Einsparung von durchschnittlich rd. 200 Mill. M. geführt.

---

[1]) Beiträge zur Kriegswirtschaft, Heft 4, Berlin 1917.

Außerordentlich schwer läßt sich infolge Mangels richtiger Unterlagen der Betrag ermitteln, der sich durch Zusammenlegung der Betriebe und wirtschaftlichste Ausnutzung derselben einsparen läßt.

Die für das Syndikat in Betracht kommenden etwa 600 Betriebe verfügten im Jahre 1909/10 über eine Leistungsfähigkeit von etwa 100 Mill. dz. Sie verarbeiteten etwa 72 Mill. dz Getreide zu einem angenommenen Durchschnittssatze von 1,60 M. pro dz Getreide, hiervon dürften bei der geringen Ausnutzung der Leistungsfähigkeit wohl reichlich durchschnittlich 1 M. pro dz durch Betriebskosten aufgezehrt worden sein. Es blieb ihnen demnach ein Verdienst von etwa 43 Mill. M.

Nun würde deren Leistungsfähigkeit durch Übernahme von Maschinen aus den ausgeschalteten Kleinmühlen auf etwa 140 Mill. dz zu bringen gewesen sein, hierfür und für Entschädigung an die ausgeschalteten Kleinmühlen sind jährlich etwa 12 Mill. M. in Anschlag zu bringen[1]). Hingegen würden die Betriebsunkosten der Syndikatsmühlen infolge wirtschaftlicherer Betriebsführung wohl auf durchschnittlich 0,80 M. pro dz zurückgegangen sein, so daß sich die Vermahlungskosten bei reichlichst gleichem Verdienste der Mühlen wie bei freier Beschäftigung und bei einer Gesamtleistung von 120 Mill. dz auf 1,26 M. pro dz gestellt hätten.

Dies bedeutet eine Ersparnis von über 40 Mill. M. Auch dies ist wohl als allerunterste Grenze dessen anzusehen, was bei wirtschaftlichster Ausnutzung der Betriebe, sowohl in bezug auf ihre Leistungsfähigkeit, als auch in bezug auf Verlust an Mahlgut, jährlich hätte gespart werden können.

Es ergibt sich sonach bei gleichbleibenden Mehlpreisen für den Durchschnitt der Jahre 1907/13 ein Monopolgewinn von etwa 240 Mill. M. jährlich. Da ein Aufschlag auf Qualitätsmehle wohl so gestaltet werden kann, daß diese leicht einen Mehrertrag von 60 Mill. M. erbringen, ohne dadurch einen Rückgang im Konsum derselben befürchten zu müssen, wären somit, um einen Gesamtertrag des Monopoles von 500 Mill. M. zu erzielen, noch etwa 200 Mill. M. durch eine durchschnittliche Erhöhung des Gesamtmehlpreises aufzubringen gewesen sein.

---

[1]) Ein einmaliger durch die Syndikatsanleihe aufzubringender Betrag von schätzungsweise 240 Mill. M.

Diese 200 Mill. M. stellen somit die einzige direkte Mehrbelastung des Konsums entgegen einer vollkommen freien Herstellung von Mehl und bei freier Preisbildung dar, wie sie vor dem Kriege bestand.

Entsprechend der Berufsgliederung auf Stadt und Land hätte davon etwa ein Viertel die Landbevölkerung aufzubringen gehabt. Nachdem die Landbevölkerung jedoch immerhin einen bedeutenden Teil, jedenfalls alle feineren Mehle, aus Syndikatsmühlen bezieht, wird es angemessen sein, wenn hiervon nur etwa die Hälfte, also etwa 25 Mill. M., auf die Landbevölkerung umgelegt werden. Bei einer Senkung des Getreidepreises um nur 0,20 M. pro dz wird bereits diese Beitragsleistung erzielt.

Nachdem 120 Mill. dz Getreide bei dem Verhältnis von Weizen und Roggen zueinander und den durchschnittlichen Ausmahlsätzen 85 Mill. dz Mehl liefern, würde die Aufbringung der restigen 175 Mill. M. eine Erhöhung des Mehlpreises um 2 Pf. pro kg erforderlich gemacht haben. Infolge der konstanteren Mehlpreise hätte eine Einflußnahme der Verwaltungsbehörden auf das Bäckereigewerbe leicht dahin führen können, daß diese Erhöhung im Brotpreise überhaupt nicht zur Geltung gekommen wäre.

Eine einfache Mahlsteuer dagegen, die 500 Mill. M. erbringen soll, würde den Preis pro kg Mehl um nahezu 6 Pf. steigern, bei den Erfahrungen mit allen derartigen Steuern aber wahrscheinlich um ein bedeutendes mehr, wenn nicht nahezu um 10 Pf.

Dabei würde die Mahlsteuer eine einseitige Belastung der Städter darstellen, jede Möglichkeit der sozialen Verteilung der Lasten durch teuerere Qualitätsmehle wäre genommen, und alle allgemeinen wirtschaftlichen Interessen, insbesondere auch die Interessen der Landwirtschaft, deren Verfolgung gerade ein Getreidemonopol ermöglicht, würden beiseite liegen bleiben.

Übergangswirtschaft.

Abgesehen von einer noch notwendigen Rationierung im Verbrauche, ist die Übergangswirtschaft im wesentlichen dadurch gekennzeichnet, daß die Preise für Getreide sowohl als wie für Futtermittel auf dem Weltmarkte höher sein werden als die Inlandpreise. Wenn man die günstige Lage des Inlandmarktes daher nicht preisgeben will, wird es notwendig sein, eine Bewirtschaftung der Auslandware wie des inländischen Getreides beizubehalten, bis sich die Weltmarktpreise auf das inländische Preisniveau gesenkt haben.

Für eine solche Bewirtschaftung bietet aber ein Mühlensyndikat die günstigste Handhabe.

Für Durchführung des Einfuhrgeschäftes werden Einfuhrsyndikate des Handels zu bilden sein, ein Weg, der schon in bezug auf die Oststaaten beschritten wurde. Die Einfuhrsyndikate liefern Brotgetreide nur an die Mühlenzentrale, Futtergetreide und andere Futtermittel nur an eine Futtermittelverteilungsstelle.

Die Futtermittelverteilungsstelle wird das teuere eingeführte Futtergetreide und die Futtermittel, um eine Verfütterung des inländischen Getreides hintanzuhalten, also um die Fleischpreise nicht entsprechend den hohen ausländischen Futtermittelpreisen zu steigern, nur an solche Viehhalter abgeben, die sich zur Ablieferung von Schlachtvieh und Milch verpflichten. Da eine Rationierung von Fleisch und Milch in der Übergangszeit noch ebenso beibehalten werden muß wie bisher, ist die Möglichkeit gegeben, dieses teuerere Schlachtvieh und die teuerere Milch besonderen Zwecken zuzuführen.

Bezüglich des Mehles wird die Zentrale einen Mittelpreis berechnen, der dem Einkaufspreise und dem Verhältnis der Mengen Inlandgetreide und Auslandware entspricht; sie kann aber auch das Auslandgetreide lediglich zur Herstellung von teuereren Qualitätsmehlen verwenden.

Es würde sich also eine natürliche Überführung und allmähliche Auflösung der Reichsgetreidestelle in der Mühlenzentrale ergeben. Die an die Reichsgetreidestelle angeschlossenen Mühlen werden den Grundstock des Mühlensyndikates bilden. Jetzt nur im Dienste der Reichsgetreidestelle stehend, werden die Mühlen unter Anschluß der Mühlen, die für Kommunalverbände arbeiten, selbständige Träger des Monopoles, während diejenigen Mühlen, die jetzt nur für Selbstversorger arbeiten, im allgemeinen von der Mehlherstellung ganz ausgeschlossen werden und ihnen hierfür die jetzt im Kriege vollständig unterbundene Herstellung von Futterschrot ganz und gar überlassen wird.

www.ingramcontent.com/pod-product-compliance
Lightning Source LLC
LaVergne TN
LVHW042253300926
849161LV00003B/579